退魔師☆加ヶ美敬子がゆく！

加ヶ美敬子

イースト・プレス

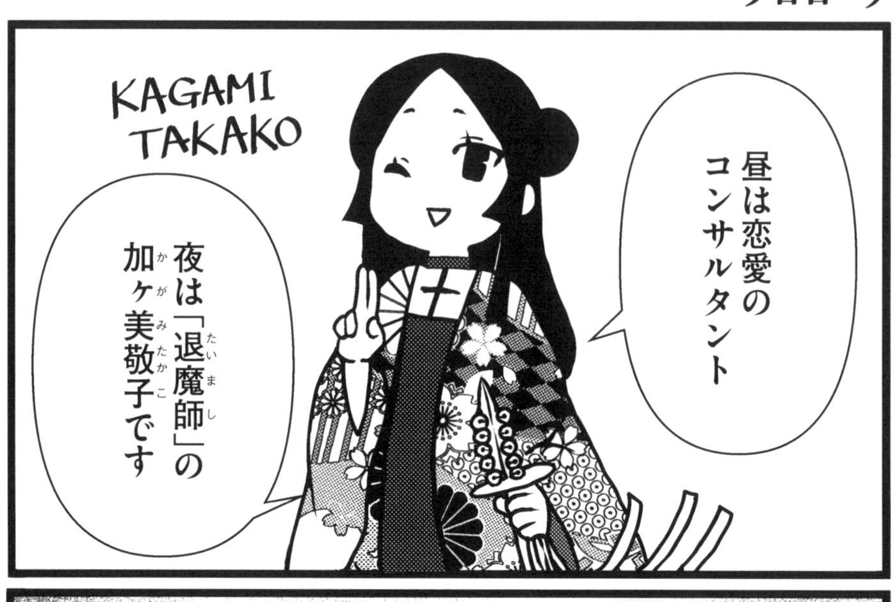
昼は恋愛のコンサルタント
KAGAMI TAKAKO
夜は「退魔師」の加ヶ美敬子です

退魔師とは
安倍晴明がそのイメージで有名
霊的な存在が人間を困らせた時にそれを退治する霊能者のことをいいます

主な仕事は
精霊
妖怪
悪魔
天使
想念
霊魂
神
この魔は？
これらの何が悪さをしているのか分析し対処 解決させることです

霊能者の中でも
しっかり修行し
高い霊力（魔力）
交渉能力 知識
戦闘能力のある人が
退魔師になれます
必須①
内観
無私の境地
スキのない
強靭なメンタル

必須②
分析と実技（経験）
神智学・民俗学・宗教学
心理学をよく
理解していること
じっ…
お前の話は
さっきから
矛盾している
早く真の名を
名乗れ
ぎゅむ

必須③
バトルに
おいての
想像力

私はまず
「魔」を
見つけると…
Hi
外部存在か
内部存在かを
分析します

内部存在とは
その人の心の中から
生まれた霊的存在
シャドー
悪魔
インナーチャイルド
不安
悲しい
さびしい
etc
もやもや〜

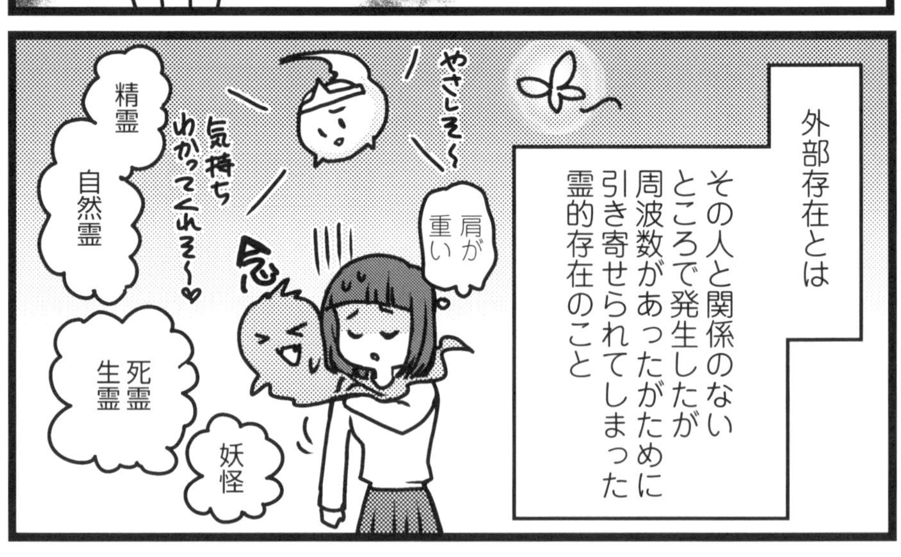
外部存在とは
その人と関係のない
ところで発生したが
周波数があったがために
引き寄せられてしまった
霊的存在のこと
やさじそ〜
肩が重い
気持ちわかってくれそ〜
精霊
自然霊
死霊
生霊
妖怪

種類を特定することで 呪文や
対処法等が変わってきます
浄霊等
退魔師として
「退ける」のは
外部存在のみ
内部存在は
クライアントの
心の一部なので
心理セラピーで
癒やします

霊が騒ぐには理由があって
そのほとんどが 生きている人間への
メッセージなのです
その中でも
選りすぐりの
ゴーストストーリーを
お届けします

もくじ

第1話

憑依霊の正体

～CASE 1：MAKO～

MAKOです
普段はOLをしています
加ヶ美先生にわざわざ家に来ていただいたのは家がすごくおかしいからです

家がおかしい?
ラップ現象がすごいんです

パキッ
ペキ
ペシン
家にいるといつも吐き気がしますし夜中死にたくなるし眠れなくて…
いや ー…
ペキッ

家というより貴方の状態のほうが大変よ MAKOさん
鏡見て…
えっ

すごいクマ…
しかも突然
鏡

霊的な話をして突然出るクマには意味があります
寝不足などの普通のクマはこれくらい
1-2cm
霊的なものは濃くて幅が広い
4cm

そしてだいたいの原因は
憑依
とり憑かれているんです
なんか急に寒い〜〜っ
バキバキ
ゴンッ
ヒュアアー
きゃー!!
音が今まで以上にうるさく…!
バキン
バキッ

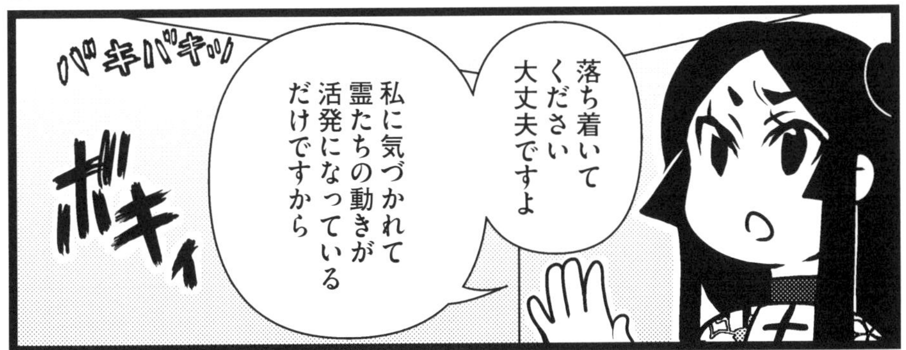
落ち着いてください大丈夫ですよ
私に気づかれて霊たちの動きが活発になっているだけですから
バキバキッ
ボキィ

筆でおでこに
紋章を入れて
では
霊視します
霊視をする時
私はトランス状態に
自分をもっていきます

イメージの中で
潜在意識 つまりは
精神世界へと潜ります

VR
（ヴァーチャルリアリティ）
のゴーグルをつけて
サイバー世界（ゲーム内）に
入った感覚に
似ています
片目ゴーグル
テッテテー
イメージとしては
私が勇者で「魔」が
モンスターといった感じ

しかしまぁ…
動物霊3匹もいる
なんて重症だなあ
1,2,3

霊的バリア
食いちらか
されてるし…
さむ…

魔=ウイルスだと
考えたとして
我々にはそれを
はじく免疫膜が
存在します
パイーン

菌と同じように
霊的存在は
我々の周りに
たくさん
いるのです
普段 人はそのバリアで
ほとんどの魔を
はじくことができるのに
なぜMAKOさんは
できなかったのか?

それは「心の穴」
心の病み・闇に
関係している
魔と同じ
ネガティビティの
形をした穴に

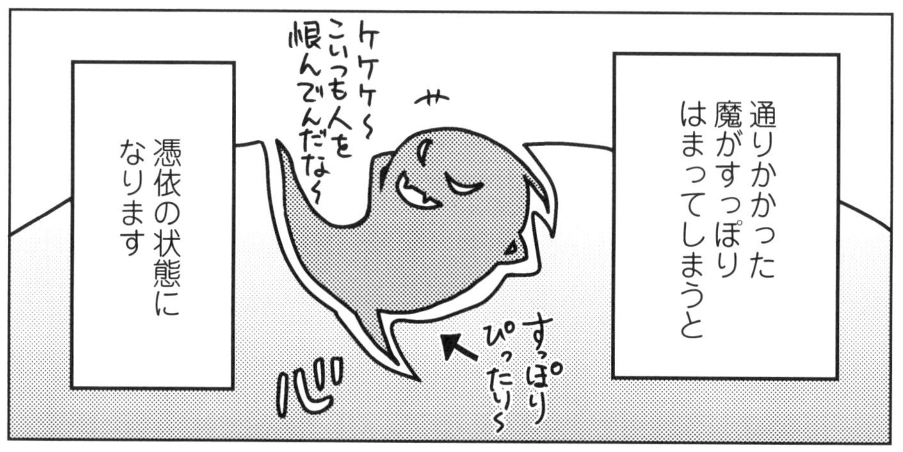
通りかかった
魔がすっぽり
はまってしまうと
ケケケ〜
こいつも人を
恨んでんだな〜
すっぽり
ぴったり〜
ハ
ぐ
憑依の状態に
なります

MAKOの
精神世界の中
ハート型
ダンジョン
入口
なんか…もう1匹
増えようとしてないか？
4匹に…

ダンジョンの内部
うーん…
動物霊だけでこんなにぐちゃぐちゃになるものか?
あんなのさっと退治してもいいけど
カツカツ
絶対他に「何か」いるはず…

もっと強い「何か」の気配…
ピピッ

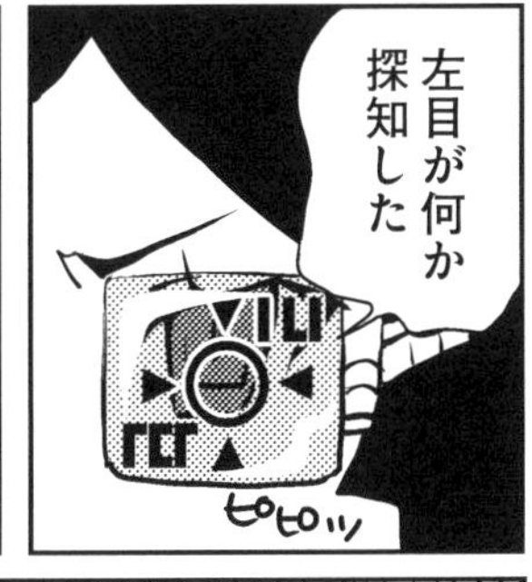
左目が何か探知した
ピロロッ

フワー

!

あっ
逃げた!!
ダッ

コラッ
待ちなさい!!

むんずっ

ぱあぁ

熱帯雨林!?

くるっ
ジャキッ
Bug off!!
!!

パンッ
いっ
いったぁーい!!!
ガバッ
びくぅっ

ぷるぷる
先生…
大丈夫…ですか!?
オロオロ

これでアレの
正体がわかった
また潜りますね
サイパン戦争

貴方 戦時中に
亡くなった死霊よね
ギロリ

しかも
自分が死んでるって
わかっているタイプ

正体を見破られたら
体からはじき
出されるのが
冥界のルールよ
キツネ2匹と
ヘビ2匹もね!!

状況を語って
実況中
そうなんですか!?
そんなルールが

しーん…
…って
ん? あれ?

普通はパイーンと
外れたところへ
それぞれの宗派の
回収係に来ていただく
流れなんだけど～？
浄霊っ
んん…？

残念だったな 嬢ちゃん

そのルール
において
無効になる条件が
ひとつだけある
ニヤァ
それは…

宿主の
意思だ…

俺が彼女を
見つけたのは
サイパンの
ビーチ

恋人を失い 辛そうに
こうつぶやいていた
ハア…

死にたい…
消えたいなぁ〜〜〜

MAKOは
自分から 消えて
なくなりたいって
言ったんだ
いらない体を
俺が使っても
いいだろう?

そうか これが
心の穴か――
ひくっ

MAKOさん――
兵隊さんが
その体を欲しいって
言っているんですが…

いらないなら
いっそあげちゃい
ますか？
サラッ

えっえっ
ちょっと何を言って
いるんですか先生!!
あわわわわ

消えたい…
つまりは生きることを
放棄したい願望が
貴方にある限り
私は貴方を
救えません…

助かりたいと
貴方が思ってない
んだも……
やだやだやだ
待ってぇええ!!

その体
いらないいんじゃ
ないいんですか?
いらなくない!

だったら それを
しっかり言ってください

これは私の
体よ!!
私の体
なんだから
さっさと
出てけー!!

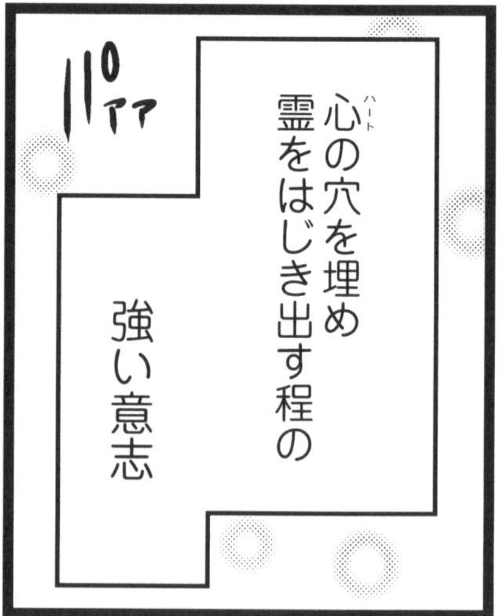
パァァ
心(ハート)の穴を埋め
霊をはじき出す程の
強い意志

バッ
マカハンニャハーラー
あとはお迎えに
来ていただくだけ――

羯諦羯諦
ギャーテイギャーテイ
菩提薩波可
ボジソワカ
スー…
パアアァ
浄霊しましたよ
鏡見てみてください
クマがない…
それに肩も軽いしもう寒くない!

生きているだけで
もうけもの
そう心から感じて
いただけたのなら
本望でございます

第2話

加ケ美敬子、誕生

この本で 私は「退魔師」と名乗っておりますが
厳密には 私は巫女(シャーマン)という存在で
神を研究し その力を借りることで力を発揮します
SHAMAN QUEEN IN JAPANESE HISTORY
卑弥呼

魔を祓(はら)い 浄化するのは神様に与えられた任務のうちのひとつ 大事なのは彼ら「見えない存在」との交渉です
神
私がこの不思議な能力を持ってしまった経緯をお話ししましょう

子どもの頃から
私の直感は強く
下手に嘘
つけないわー
いろいろ気づいて
当ててしまうことで
気味悪がられて
寂しさを感じていました
動物とのほうが
人よりも気持ちが
通じていて
どかすよ？
どうろ危ない
から…
4才
母カラスが見ている前で
子ガラスをさわるのは
危険なのに
助けようとしているのが
伝わっている

ギャッ ギャッ
動植物と
ばかり
話をして
いたので
野生でも
近くに寄ってくる
むやみに虫などを殺す男子や
意地悪をする女子
彼らにひどいことをされた対象の
声や痛みが伝わってしまう
私にとって 人の残酷さは
見ていて辛いものでした

びえぇ〜ん
やだ！みんなきらい いじわるだから きらい!!
なんでやさしく できないの!?
泣いてばかりいる私に 大人たちが困っていたある日

感受性が 豊かすぎるので 芸術的には すばらしいの ですが
……

どうしよう ママ 園長先生に 怒られちゃってる…
ゴメンナサイ…
ファーブル 昆虫記
ファーブル昆虫

ふわ…
!?
わ
天使さまだー‼
なんか翼いっぱいあるけど…
ニコ
ママ
しー
困ってるんでしょ？
ぱくぱく
たかこちゃんが神様のためにお仕事をするのは大人になってからだから
それまで僕たちの声聞こえなくしてあげてって神様に頼まれてね

「約束」の時に
また開けるから
それまで おでこの目
閉じていよう

ポウ…
おでこに目なんて
あるんだ…

パチ
ファーブル
昆虫記
ファーブル昆虫記

あれ…みんなの
「心の声」が
聞こえない…

「妥協」を
覚えました
すーん…
ほれ
芋虫～
キャ～!!
ヘレン
ケラー

ですが
天使の言っていた
「約束の日」だけは
逃げきれません
でした

私の第三の目は開き
パァァァ
イダダダ
激痛

なんじゃあこりゃあぁああ
霊を検知できるようになってしまいました
特に「鼻」で

高次元(神など)は花の香り
死者は線香
悪霊はドブの臭い
動物霊妖怪は獣臭
びくっ
視える時もあれば 香る時もある…
ですが 私が一番困ったのが…

体が狙われること
その体ちょーだい
入らせてー
ぶぶ
キャー

魔物がこぞって
私をとり殺そうと
かじりついてくる
イダダ

そんな絶望の中
降臨したのが…
ペカー
in 京都
ピー
ヒョロロー
ガオォ

神様！
パァァ
光りすぎ
めっちゃ
まぶしー

前世ぶりよのう
愛しい我が妻よ
そなたが目覚めて
私の所に来るのを
待っていた…
キラキラ

…は？
頭がついていかない

邪魔だ
パッ
あんっ

消えよ

バシュ

月詠(つくよみ)と名乗る神様に
いきなり妻だと言われ
退魔(浄霊)の仕方忘れたの？ バカなの？
みたいな扱いを受けた私

しらんし。

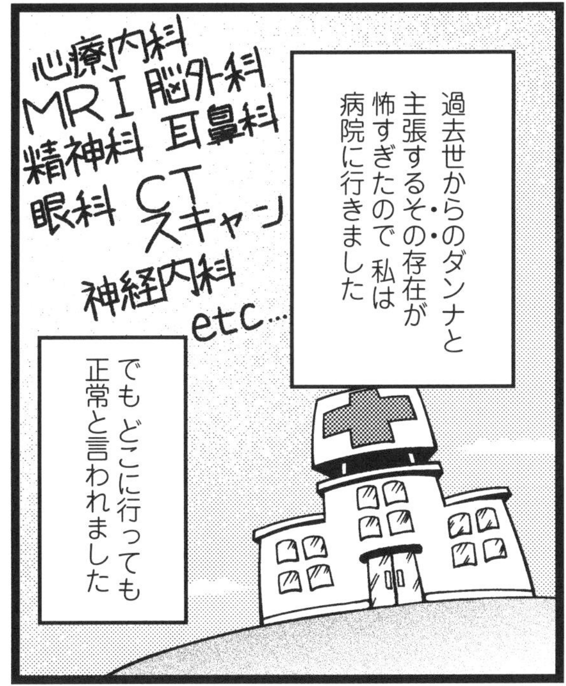

くどくど
私を受け入れて
ちゃんと修行すれば
体も痛くなくなる
その痛みは
霊障(れいしょう)だ
観念なさい
そなたは
巫女(シャーマン)になるために
生まれてきたの
だから
ズビッ

泣いてばかりいないで
私をちゃんと体の中に入れねば
また追いかけまわされるぞ
「魔」に…
くやしかったら
強くなりなさい
修行して
研究して

私が教えるから
よしよし

私は厳しい修行の末
様々な「魔」の対処法を
学びました
「魔」は人の負(ネガティブ)の
感情から生まれる
エネルギー
その発生源は
何か？
どんな
性質なのか
File-D
Seven deadly sins
No.3
悪魔:レヴィアタン
嫉妬
invidia
relation
内側の存在
Internal archetype
spell
呪文
(ラテン語)
Memo：美女としても現れる
それらを
知らなければ
対処できずに
辛いだけ

そうして
私は
そのエキスパートに
なりました
見えない
存在は私に
おまかせ!!

まずは
自分を
そして
縁でつながった
皆様を
守るために
ありがとー
先生~…

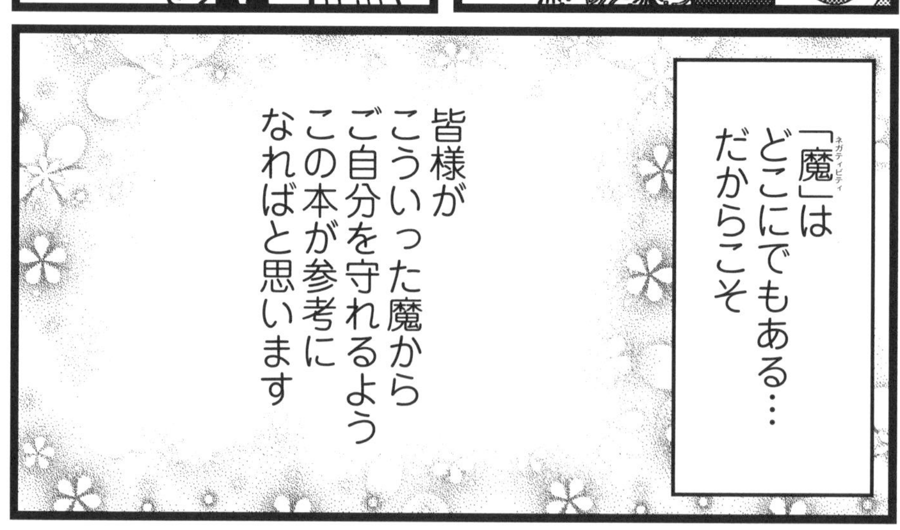
「魔(ネガティビティ)」は
どこにでもある…
だからこそ
皆様が
こういった魔から
ご自分を守れるよう
この本が参考に
なればと思います

第3話

自然霊救出作戦

～CASE 2：リン～

東京にある加ヶ美のオフィス
月詠様～私の仕事って警察みたいですね
どういうことだ?
もぐもぐ

1
霊的存在が起こす事件の救急ダイヤルを受けて
2
逮捕(浄霊)しに行く…
御用だ～

人質(その子)を放しなさい!
君は完全に包囲されている!
ピーポーピーポー
ウゥ～…
事件は現場で起きているんだ!みたいな…
交渉人だものな…

加ヶ美先生!!
バンッ
何か憑いたみたいです!
助けてください!
憑依体質
リンちゃん
加ヶ美敬子の
元クライアントで
今は弟子
あら
それは大変
左肩の
うしろが
ずっと
痛くて…
いつから?
へなへな
10日程前から
教わった
除霊の方法は
すべて試しました
① 音叉
キーン
② ホワイトセージをたく
アバロンシェル
③ 浄化スプレー
④ 酒と塩風呂
BATH SALT
90ML 酒
だけど
治らなくて……!

これもやった？
① 神社など浄化された空間をイメージしながら手を2回たたく
パーンパーン
② 体の中心から光を放つイメージで内側の黒いモヤを追い出す
ピカーー

どれもやりましたが効かなくて…
でも変なやつが夢に出てくるんです

それがなんなのかわからなくて
?

夢で見たものの特徴は？
絵に描くわ
GREEN
SKETCH BOOK
顔や体が緑で背中がかたくて…
SHAMPOO HAT
シャンプーハットにギョロッとした目とくちばしで
水かきが

バァアーーン
これって河童じゃない？

河童…？
よく見たらそうか
妖怪が憑いている
場合はどうしたら…
SKETCH BOOK

私はこれを
妖怪とは
分類しないわ

私はこれを
「自然霊」
とする
池と川の
精霊
場合によっては
神様として
考える

最近
池か川の近くに
行きましたか？
2週間前に
田舎の実家に
帰って
子どもの時に
遊んだ池の
前を…

急に
さむっ⁉
ぞわ
もや～…
びくびく

助けて…
ひぇっ!!
ズンッ

あ…あれ⁉
私なんで現実で
見えてるん
ですか⁉
きゅううぅ…
まず貴方が 視るための
霊能力があることと
相手の正体を暴く
ことで周波数が合って
見やすくなったから

ひどいわ…
河童は皿が
干からびると
死んでしまうのに
ぐったり

加ケ美
アムリタを
つくろう
アムリタ…

「アムリタ」って
なんですか？
インド・中国の
神話に出てくる
「霊薬」
ガサゴソ

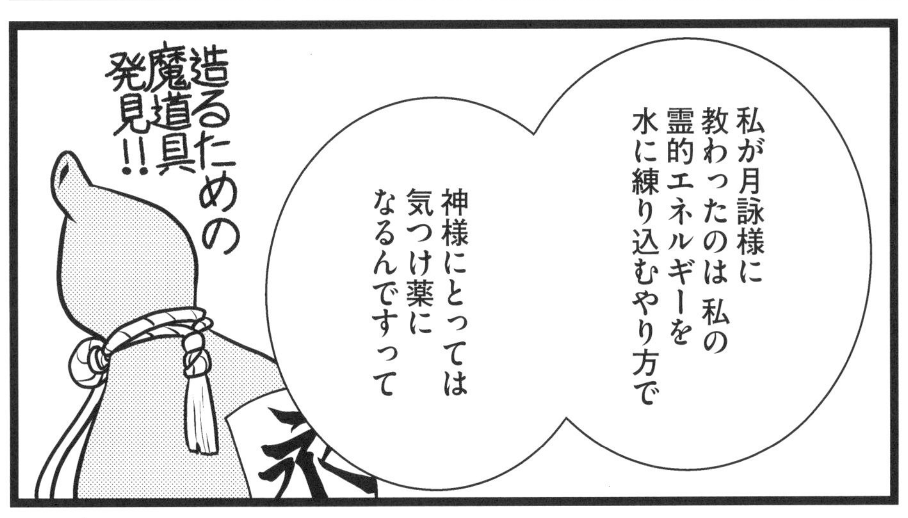
私が月詠様に
教わったのは 私の
霊的エネルギーを
水に練り込むやり方で
神様にとっては
気つけ薬に
なるんですって
造るための
魔道具
発見!!

水を入れた
ひょうたんに
「気」を入れます
はあぁっ

ポンッ

ポンポポーンッ
ポウーン
あ…
ポウーン

ポウーン
ポウン
ポウウン
少しずつ 音が
変わってきてる

てーーん
できたっ!
かけてみよう!

パシャッ

!?
ぱちっ

飲みたがって
ますよ 先生

あげて？

ごくごく

きゅぽんっ

はっ

ガバッ
土下座

どうしたの？

痛くして
ごめんなさい！
リンちゃんならば
わかってくれると思って

ずいぶん親しい感じなのね？

子どもの時によく遊んだ池で何かに見守られてるって感じていたけれど
まさか本当にいたなんて…
？
ピー

あのね 河童さん こうやって憑いているということは
リンちゃんの体には良くないことだからお帰りいただきたいのだけれども
どう？

実は帰りたいのだけれど 帰る場所がないんだ…

？
おそらくだが 池が
何かしらの理由で
干上がったのだろう
ユラァ

――言うなれば…

森を伐採され
住処を追われた
動物たちと同じだ

うーん…
であれば新しい
家を探すしかない
ですね
疲れるけど あれを
するしかないか――
一肌ぬごう

きゅっ
額（ひたい）マーク!!
バッ
日本の全国地図に
MAP

ガタッ
鏡よし
N
E
W
S

あーコホン
日本の神様方聞こえますか？
？
？

先生は鏡に向かって何をしてるんですか？
？
里親探し

鏡をパソコンのスクリーンに見立て神界ネットに募集かけてる
PROFILE
河童くん
○○○才
性格
やさしい・素直
かわいくて甘えん坊。
希望
水のキレイな所
MAP

なるほど
神界の里親掲示板にアクセスしているんですね
ポン!

神様の中でこの河童を受け入れてくださる方はいらっしゃいませんか〜〜〜?

お願いします〜
PROFILE
河童くん
○○○才
性格
やさしい・素直
かわいくて甘えん坊。
希望
水のキレイな所

うちは
気の強い子多いからね〜
うちの水質は合わんだろうなー
助けたいんだけどねー

ワシが受け入れましょう

竜神様
ありがとう
ございます
MAP
場所は
奈良の
〇〇川だ
困った時は
お互い様だ

さて
送るわ
あ
待って

リンちゃん
とて

気づいて
くれて
ありがとう
神様がわかる人の
所に連れてきて
くれて
ありがとう…！

リンちゃんは
昔から
ヤンチャで
RIN
ぴょーん
ケガするんじゃ
ないかって
いつもハラハラ
したけど…

その思い切りの
良さとか 冒険心とか
すごく魅力的だから
忘れないでね
めっちゃいい匂い
なんの花だろー

感受性を
忘れないでね

お勉強が
苦手って
言ってたけど
SUMMER

それは自分に
合っていない
勉強だっただけ
年号を覚えてもさ

この先生の所では
しっかり
勉強できているのを
僕は知っているよ？
この前の前世セラピーで出てきた時代
ロマノフ王朝は…
ふむふむ
世界の歴史
もっと自信をもって

パアアアア
それをお父さんと
お母さんに言ったら
きっと喜ぶよ！

河童さん…

そうだね
いっぱい
遊んだね
私たち

自分らしく
いられる
あの場所が
大好きでした

こうして河童さんは
竜神様に
連れられていきました

後日
先生！
見てください！

母から送られてきた
画像です
工事中
UTION KEEP OUT

池の近くに
立てられた看板の画像
なんですが
そっくり
中
あぶないよ

あの子は気づいて
もらうために わざと
河童の姿で来たのかも
おー

TAIMASHI☆Kagami Takako ga YUKU!

第4話

エセ霊能者に要注意

～CASE 3：リサ～

大学時代の後輩
リサ
いただき まーす！
加ヶ美先輩が
まさか霊能者に
なるとは驚きです

私 最近 肩コリが
すごいんですが
何か憑いていたり
しませんか？
え～？ もしかして
そのために呼んだの？

会いたいからですけど
もしいたら
とってほしいです！

ここおごりますから～
ぴえん
いーから
正直こういうの嫌なんだよな～
プライベートなのに…

ホント怖がりねぇ
肩コリだけでなぜ
心霊疑うのよ？

そもそも
霊が憑くって
めずらしいこと
なのよ～？

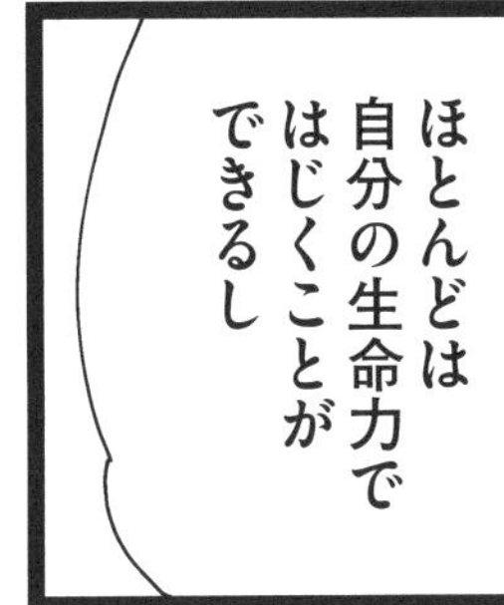
ほとんどは
自分の生命力で
はじくことが
できるし

でも実際
あるから
先輩の所に
仕事が
来るんですよね
まぁ
確かに…

でもだいたい
私の所に来る案件でも
本物の心霊案件
なんて10件に1件よ
あとはほとんど
心理カウンセリング
案件だし
ぺらぺら

でももし
自分に憑いたらって
考えちゃいます…

予防策とか
ないんですか？
モヤ…

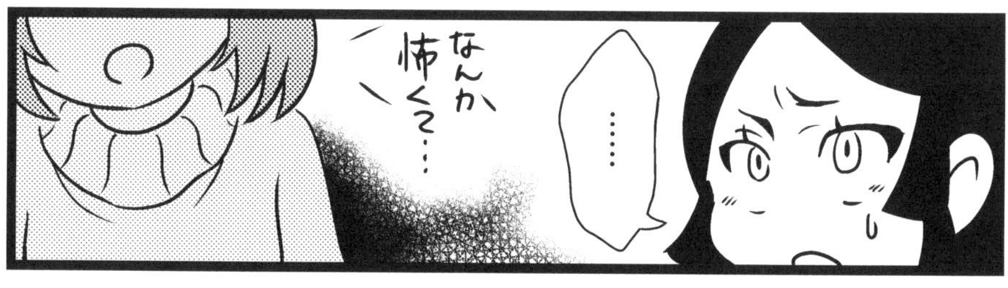
……
なんか
怖くて…

はぁ〜…
心配ばっかりしてなんだ
そのネガティブは〜〜〜…
酒がマズく
なるわ〜…

予防策①
次元の低い
オカルトに
意識を
向けすぎない
ホラーとか

過度な恐怖や心配は悪霊とかをはじくバリアの力を下げるわよ
ひえっ
それ 今の私じゃないですか

さっきも言ったけど人間より おばけのほうが弱いんだからね？
パィーン
パィーン
よんだ？
おばけが強いのはホラー映画だけよ？

あっ
ちなみにメンタルが落ちている時にホラーは観ないでね？
変に呼び込んじゃうから

そして
予防するなら生活習慣を正すのが一番いいわよ
良い食事
もりもり
よく笑う
あはは
風呂
SOAP
運動
掃除
良質の睡眠

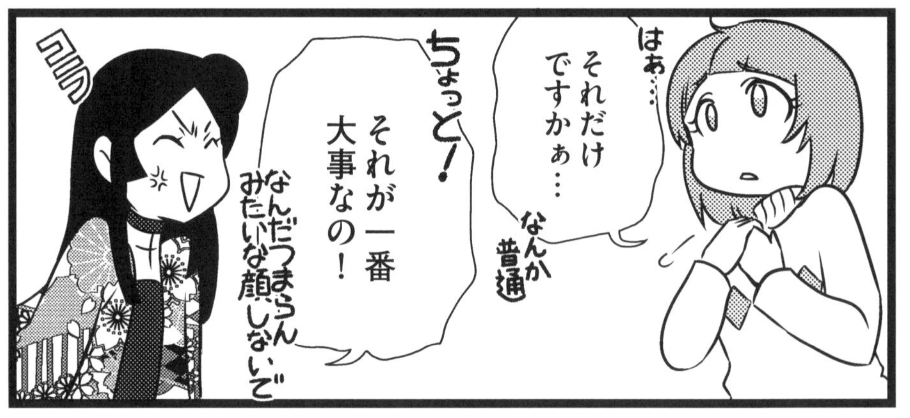
はぁ…
それだけですかぁ…
なんか普通
ちょっと！
それが一番大事なの！
なんだつまらんみたいな顔しないで
コラ

それでも人生
いろいろあるし
メンタルが落ちる時は
誰かに助けを
借りてね？
信頼できる人に
相談するのよ？
私でも
いいけど

もじもじ
で…
でも…なんか…
えー
まだ
何か？

この前 会社の先輩に
憑いてるよって
言われてから
すごく怖くなって…

はあ!?
なんという
デタラメを言うの
その人！
まさかプロ
じゃないよね!?
スピリラだわ！
趣味で占いや
ヒーリングをやって
いると言っていました

ちなみに その人に
なんて言われたの？

動物霊が憑いてるって
確か…狐と蛇とタヌキが
かなりいるよー
ずいぶん勢ぞろいだこと…

私怖くなって…
毎日電気つけっぱなしで寝るから寝不足で…
まぶしい…

むしろそれで具合悪くなったんじゃない？

言われる前は体調どうだったの？
元気でした

元気だったなら何も憑いてなかった証拠だからね？

ガタガタ
気持ち悪い
かゆい…
眠い
寒い
もし そんなに
霊が憑いていたら
体調は最悪だし
病院で どんな
検査をしても
引っかからない
どこも
悪い所
ないですねー

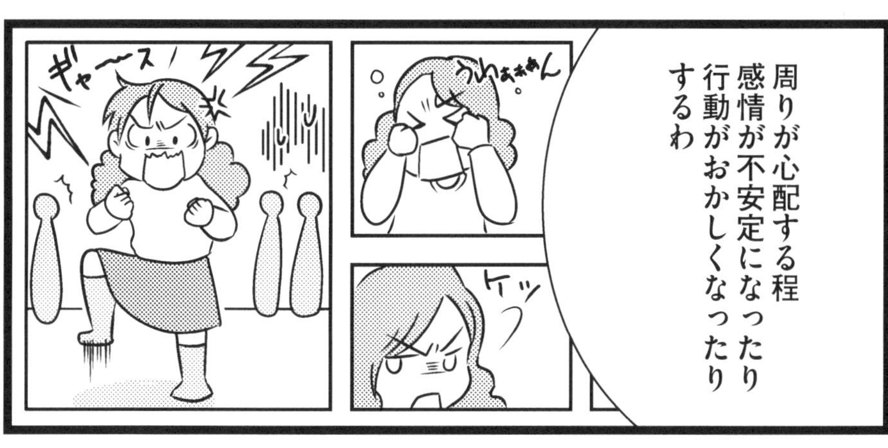
周りが心配する程
感情が不安定になったり
行動がおかしくなったり
するわ
うわあぁぁん
ケッ
ギャ〜〜ス

メンタルが
落ちまくりで
本当にひどい
有様なはずよ？
そんな
だった？
私…そこまでは

頼みもしないのに「憑いている」とか「とってあげる」とか言う人は信じないで
良識のあるプロは人を怖がらせたり不安にさせたりはしないものよ

ちなみにその人名前は？
クロムラさん
まさか
何か買えって言われてない!?
回数券を…

回数券!?

買わないで！
浄霊は1回で済むものだし私は その人をプロだとは思えない そもそも聞きもしていない人に憑依を指摘するのはマナー違反よ！
普段見ないフリをするのはプロとしてのエチケット
♪スルー

憑いている憑いていないに
やたらこだわる人は
実はその本人が
とり憑かれて
言わされていました
なんていう話は
あんた
憑いてるよ〜
ひ〜
同業者たちの間で
ホラー話として聞くしね

とにかく
低級霊と関わりたく
なかったら
ネガティブな発言や
行動をとる人を
極力避けること！
ピーピー
ピ
ケケケもっと
やれ〜〜!!
理不尽に怒ったり 恨んだり
汚い言葉を使ったりするのは
低級霊が好む人格

あるべき姿は
よく笑ったりして
高い波動をキープ
自分が一緒にいて
心地良い 楽しい
相手といて？
あっはは

あ そうだ!
バスソルトあげる!
軽い除霊・浄化にもなるし
肌もしっとり
風呂釜がいたむから
追い焚きはしないでね
ラベンダーの香りで
リラックス効果も♡
BATH SALT AROMA

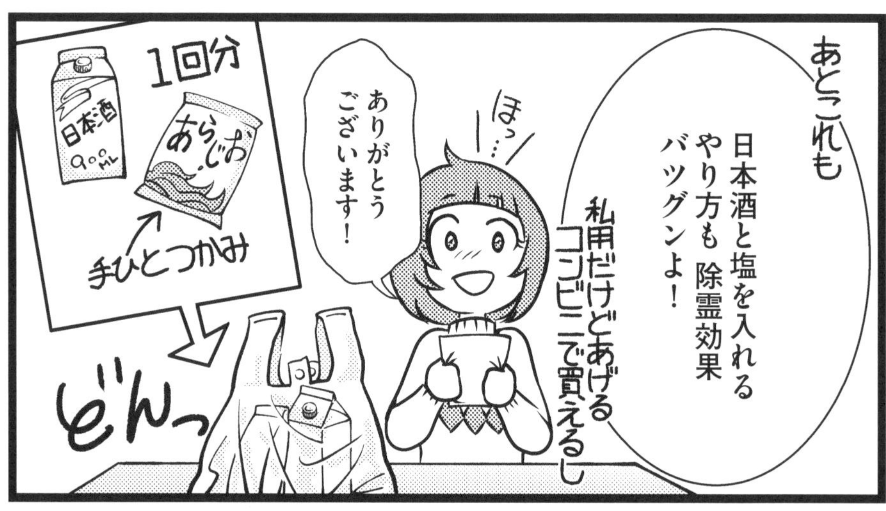
あとこれも
日本酒と塩を入れる
やり方も 除霊効果
バツグンよ!
私用だけどあげる
コンビニで買えるし
ほっ…
ありがとう
ございます!
1回分
日本酒
900ML
あらじお
手ひとつかみ
どんっ

肩ちょっと
さわっていい?
うっわー もう
ガチガチじゃん!
マッサージ行きなよ
そしてリラックス

ほらほら笑っふぇ？
捨て身変顔
低級霊は笑顔きらひほ？
ぐりんっ
!!?

ほれほれまだあるぞぃ
あっはは
先輩酔っぱらってるんですか!?
絡み方オカシィ～
ひーっ

ねっ
笑うっていいでしょ？
ポンポン
クスクス
はいっ

加ヶ美先輩といたら楽しくなってきた！
ふわぁ

いいね！
その状態
キープして！
ぐっ

リサは
そろそろ
終電じゃない？
もうこんな
時間！

BYE～
先輩 今日は
ありがとうございました
お世話になったので
私ココ払っていきますね
また遊んで
くださいね～♪

わー
うれしー
ありがとう
ごちそうさまー♡

さてと…
ぐっ

どうして
くれましょうか
モア…

クロムラの
生霊さん…
ジタバタ
キィ〜ッ
ギュッ

人に不安を
植え付けた
あげく
とり憑くとは
なんたる罪
ぎゅううっ〜
ああ〜ぅ

スウ…
霊的な世界を悪く
扱うこと その因果が
どれ程恐ろしいか
お前はまだ知らない
圧
ピェッ?

しかし
もう その魂に
語り返したところで
もはや遅いか…

この者は
リサのいる会社に
あと半年もいられ
ないだろうな…
低級霊には
ご注意を…
あはは
みんなダマすの
まじでチョロい
戻れな〜いっ

TAIMASHI☆Kagami Takako ga YUKU!

第5話

退魔師修行

加ヶ美
起きなさい

なんですか
月詠様
髪のびた

私がそなたの
体の中に入るのには
もう慣れたか？
覚醒後 5カ月連続
激痛と高熱で
寝たきりに
なっていた
少しは…

桃ゼリーを
食べなさい
日本酒と塩と米も
肉だけはNG
そうしたら
また眠り
なさい

修行に入る

はっ!!

うわ～外が
美しすぎる…
これは絶対に夢で
それで
本物の私は今頃…

現実で
気絶している
んだろうな
Zzz～
酒
テーブルに
こぼれる
桃ゼリー

ご名答だ
加ケ美
これは明晰夢だ

来なさい

弓…ですか
そうだ

マネをなさい
霊気を使って
矢をイメージして

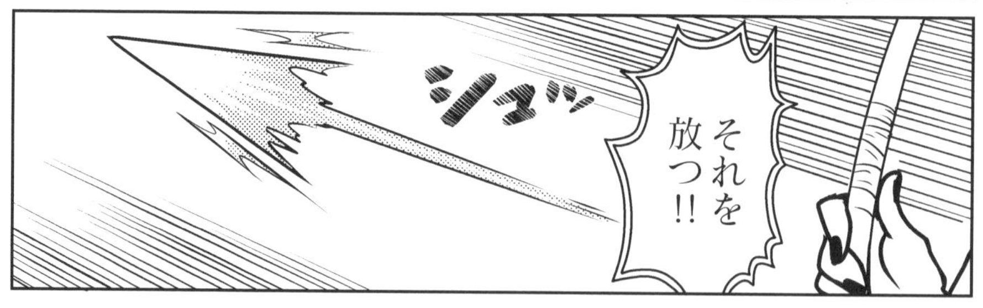
シュッ
それを
放つ!!

パシュン

ギャアアア

飛んでいた
魔を一瞬で
消した…
そして私の
肩コリが楽に
ほ～…

ん？

そもそも
月詠様…ここは
どこですか？
夢でも
そなたの
精神世界だが？

まずは自分の精神世界の浄化をしていくのが第一の修行だ
それが魔の祓い方をそなたが思い出すきっかけとなるだろう

う～ん
あくまで月詠様は私が「忘れた」という言い方をするんですね…
困る～

そなたの前世だからな
忘れていても仕方あるまい

その頃の記憶はこの潜在意識の世界にしまわれているから探し出せ
本や宝石 魔のドロップアイテムにある

今 ゲームに出てきそうなワードありましたけど…
treasure?
monster's drop item?

実際 人の心とゲームは構造が似ているのだ

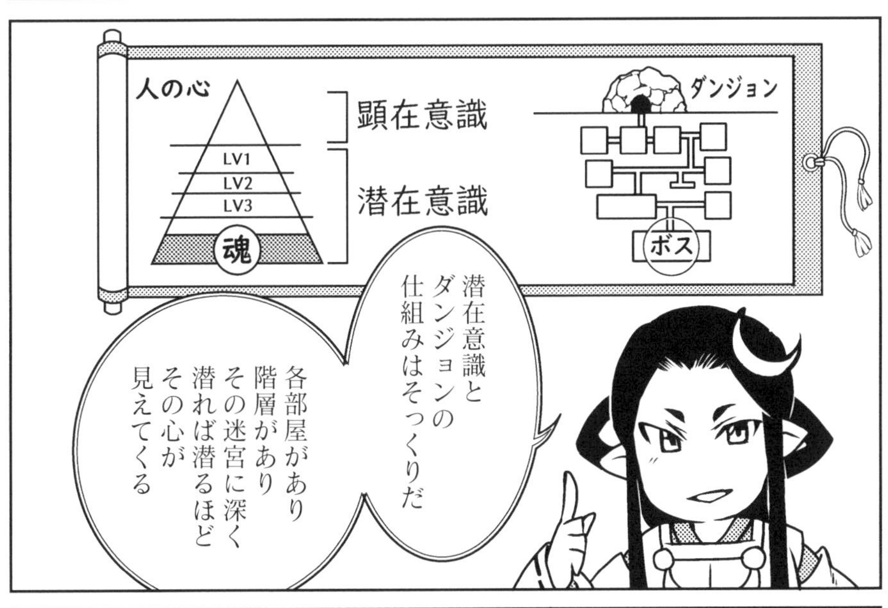
人の心
顕在意識
LV1
LV2
LV3
潜在意識
魂
ダンジョン
ボス
潜在意識とダンジョンの仕組みはそっくりだ
各部屋があり階層がありその迷宮に深く潜れば潜るほどその心が見えてくる

この世界ではイマジネーションで物を具現化できるがそれもゲームで言うところの
魔法(スキル)に似ている
パアッ
アメ玉をつくりたいと思えばこのように…

はい 霊力
回復アメ玉♡
HP
MP
グイ～ン
ポコッ

戦いでも
具現化でも
霊力は消費
するからね？

霊力がなく
なったら
手をかざし
宇宙から
もらうがよい
エネルギー
もらいますの
ポーズ
現実でも
こうやって回復
してね！
むぐ
むぐ
本当にゲームの
チュートリアルみたいだなぁ…

戦術センスと
いかに肝が据わって
いるかが勝敗を
決めるぞ
おっとぉ～
良い所に…
シュパッ

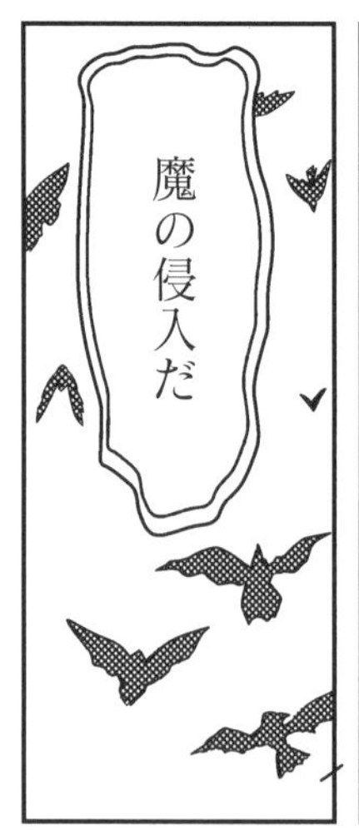
魔の侵入だ

キリキリ
要は さっき
教えてもらった
方法で
射貫けって
ことですよね

ヘロヘロ〜

あ
…うん
だよね〜
イメージつかめ
ないもん…

ぬんっ
あ

逃げるんじゃない
修行にならんぞ
だ〜

逃げて
ませんよ〜!
向かっていって
るんです!!

しゅたっ

パチーン
想像力(イマジネーション)
ぴょ〜〜ん
バサァアア
I can fly!
私は飛べるっ!

漫画的発想
敵の位置と数の確認ゴーグル！
ピピピピ

LOCK ON
ピピピ…
10

ファイアー!!
ドッカーン

お～～～
良きかな♪
パチ
パチ

そうそう
そなたは前世から
理解した途端
ぶっぱなす
タイプだった…

そして…
MP
グイーン
グラ…

無茶を
する…
わぁあぁっ
ボッチャーン

MP 0
HP 20
はははは
素晴らし
かったが
霊力(MP)使い
すぎだ
HP減は現実の
体にひびくぞー
寝込む・回復・修行
このくり返しで 私は
強くなっていきました
ぶくぶく…
完

第6話

先祖霊の想い

～CASE 4：サチ～

受験勉強中の
学生　サチ
ずいっ
加ヶ美先生
笑わないで
聞いてください！

私 どんなに
英語の勉強
しようとしても
寝ちゃうんです

それって
妖怪の仕業
なんじゃ
ないかって！

だって明らかにおかしい
んです 勉強開始して
2秒で気絶なんて
—なぜそう
思うの？
かわいい
笑うなと
言われ
こらえている

学校の先生は
やる気ないだけ
だって怒るし…
勉強嫌いなだけ
じゃないのーって
友達は笑うし
あはははー

真剣に悩んでいるのに
誰もまじめに
とりあってくれない…でも
ぐすっ
英語ができて
妖怪が視える
という噂の
加ヶ美先生
ならって
ENGLISH

お母様から聞いては
いるけれど 夢は
アメリカ留学?
クライアントが
未成年の場合
親と事前に話す

テストの結果
から見ても
基礎ができて
いないしな～
とりあえず
間違えた所
復習しましょうか

I wonder if you can solve this problem.

ユラ〜〜
今のを和訳して？

がくんっ
早――――っ!!?

え!?嘘でしょ？ギャグ!?
演技じゃなくてほぼ気絶！
オロオロ
しかも本当に起きないし
ゆさゆさ
zzz

うーん
まぁ よほど
脳が拒絶して
眠くなるのは
心理セラピーで
見る症状では
あるけれど…

悩んでも
しょうがない!
よしっ
キュッ

霊視します!

なんか
もめてる?

ここはサチさんの精神世界と思いきや
様子が違う…

この番号がふられた靴箱みたいなビルの感じ…知ってる…

霊界だ!!
しかも守護霊として選ばれた先祖霊が住む階層(エリア)だわ…

ということは サチさんの眠りの原因って…

アメリカ行きたいって言うなら応援しましょうよ！
応援するのが先祖の仕事です

そうだ
そうよ～協力すべきよ～!!

くわっ
なら――ん！
アメリカなど危なくてやれんわ――!!
ワシは絶対許さーん！

ゴゴゴ
ぐぬぬぬぬ
うわー
あのおじいさん
強いなぁー

サチさんが眠くなったのは
先祖の守護方針が
バラバラだから？
うるさっ
ギャース
ギャース ギャース ギャウァァ

それともこの
おじいさんが
強いから？

基本的に
先祖は子孫を
サポートするために
背後にいますし
左肩は母方
右肩は父方
子孫の幸せを
願っています

しかし時々
その先祖の
思い込みや
固定観念が
強く反映する
ことがあり…
男の人は
ずるい人ばっかりよ
信じちゃだめ

そのせいで逆に
妨害になってしまう
こともあるのです

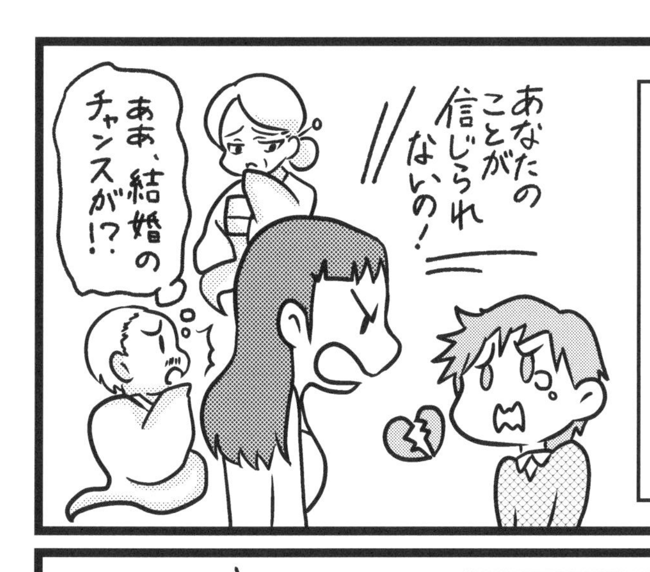

いろいろな霊能者が
メニューに「先祖供養」と
書いているのは
この霊障の解決のこと
と私は考えます

これを治すのは
かなり大変で
霊能力者の体に
かなり負担がかかります。

だから高い

親から料金
かさんでもいいから
と頼まれたけど

できるなら
やりたくないよ
だって私が
辛いんだもん

先祖との
バトルが！

先祖供養の辛さ①
理不尽な感じで怒られても耐えなくてはならない
あの〜
ちょっと良いですか〜？
よかないわ
すっこんでろ
ご先祖様は神様

先祖供養の辛さ②
でも荒ぶっている先祖はまるで低級霊
どこの誰じゃボケが!!
ビシビシ
現実
波動痛いしくまが出る
HP
彼らはまるで
なぐられた
ぴくっ
モンスターペアレント
ぷるぷる〜

いい加減に
せんか───い!!
それが守護霊の
あってよい姿かね～!!
ビリビリ

霊界(あのせ)では波動(エネルギー)
つまりは想いの強さが
ものを言います
だからおじいさんは
やたら強かった
ぐっ
なんという
覇気(はき)…!!
ただ者では
ないな…

お前は何者だ！
私はサチさんの英語の先生です
通知表
ドンッ

ズバッ
おじいさま！子孫の成績を落とすことは先祖としてあっていい行為でしょうか？

ぬぬぅ…

し…しかしワシはサチにアメリカに行ってほしくはない！あんな野蛮な…！

まぁ…
確かにアメリカは銃社会ですし場所によっては…

いや違う
彼は治安が心配で
止めているわけじゃない
ぐっ
アメリカを
「野蛮」と
言い切る
くらい
彼はすごく
アメリカが
「嫌い」なんだ

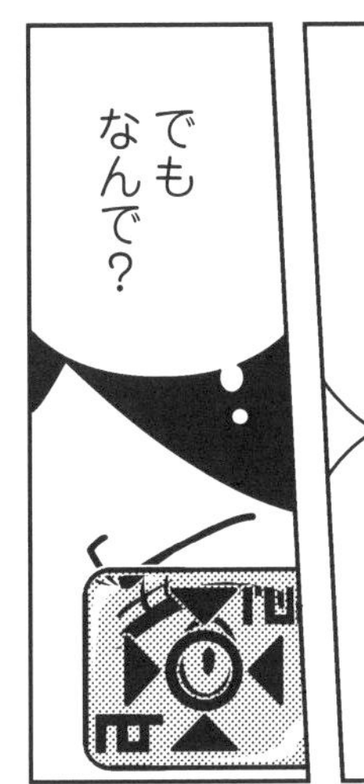
でも
なんで？

Option
-materia
-time
-ancillary
-significance
-etc......
search
検索

Since AD 1944
enemy
USA
!
Medal
勲章功五級
Military rank
軍階級

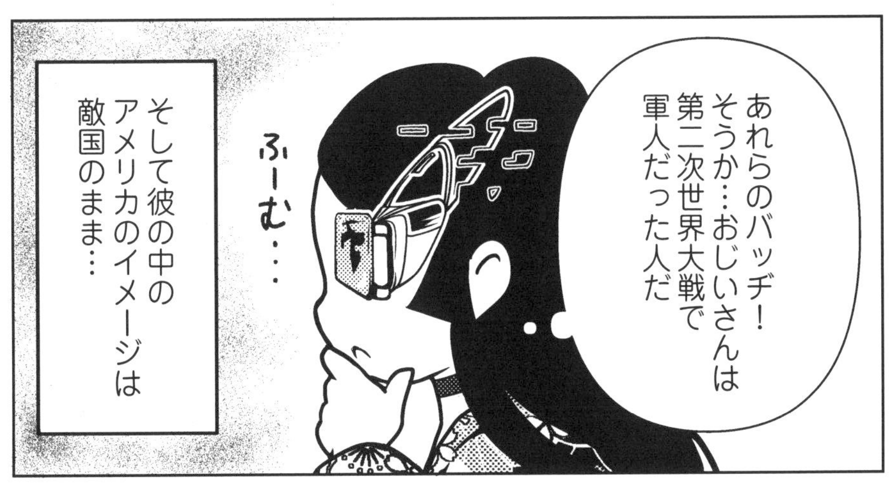
あれらのバッチ！
そうか…おじいさんは
第二次世界大戦で
軍人だった人だ
ふーむ…
そして彼の中の
アメリカのイメージは
敵国のまま…

おじいさま
私に憑依してください
何…!?

私の目を通して
サチさんの夢が素敵なものだというこことを理解していただきます

ほー
脳
霊には脳などの情報を受け取る媒体がないので
肉体を借りる形でしか 情報を更新できないのです

なので先祖たちは
子孫の体を通して
情報更新をするのですが
お〜あの後時代はこうなったのだなぁ！
生前がんばった甲斐がありましたなぁ！

中には生前の
トラウマが強すぎて
受け入れたくない
情報から逃げてしまう
こともあるんです
こんなの認めない

ワシが逃げているとでも？

………

わかった
入ろう…

ブツ

パチッ

では…
ノートパソコン
カタカタ

アメリカの
今をお見せ
しましょう
ポチッ
ENTER

HOLLYWOOD
政治
アメリカで
活躍する
日本人
Japan
JAPAN
ANIME
LOVE

…
これを見ても
まだ
不安ですか？

アメリカに限らず
どこにでも 良い人も
悪い人もいます

仲良くなった
と思えば
ケンカしたりもする
まだ多少 差別も
残っているでしょうが
USA

ふたつの国が
友好国となり
協力し合いながら
発展したのも
また事実です

あの子の見る情報をいつも疑って受け止められずにいた
でもこんなものを見せられたら…

…

ワシはサチを守っているつもりだった…

ワシにとって彼らは
大切なものを奪っていく野蛮人でしかなかった…

そんな古い記憶に
固執して…
ワシはひ孫の夢を
くじいていたのだな…

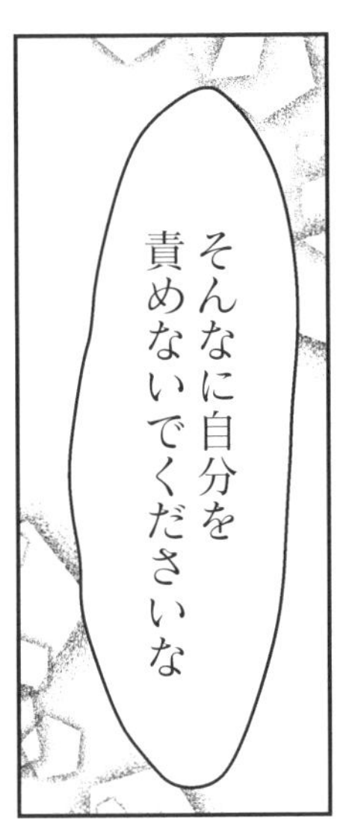
そんなに自分を
責めないでくださいな

あの戦争は
恐ろしかった
過保護とはいえ
守りたいという愛情ゆえに
反対していたのを 我々は
わかっていましたよ?

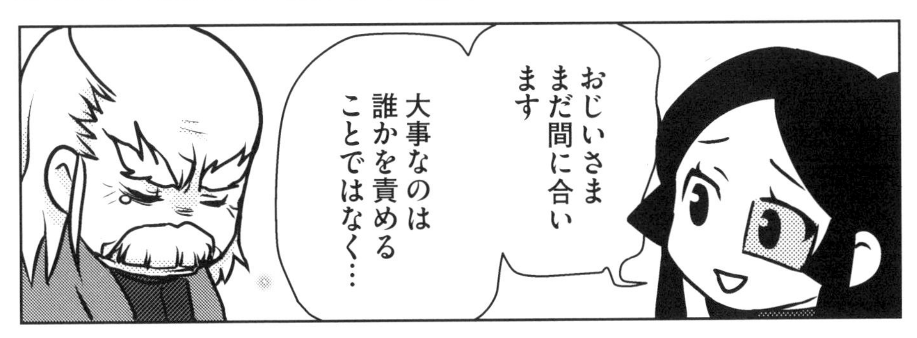
おじいさま
まだ間に合い
ます
大事なのは
誰かを責める
ことではなく…

間違っているものに気付き
直そうとすることです
……

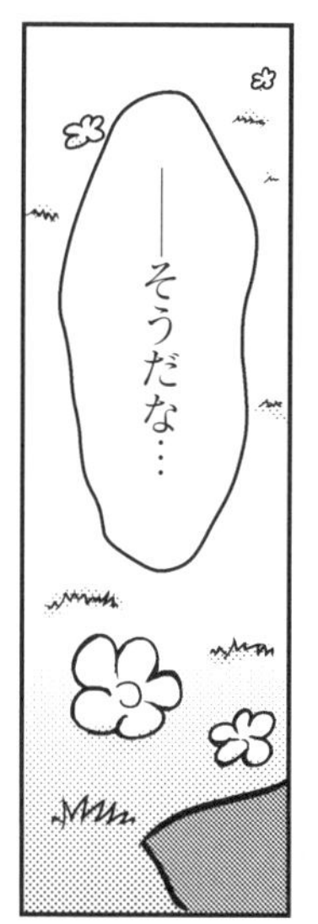
――そうだな……

いがみ合う程無駄なことはない
協力して豊かになる程素晴らしいものはないのにな

これからはサチさんが全力で集中できるよう
守護（サポート）していただけますね？

はい!!

サチさーん起きてくださーい

ガバッ
うわっ
私また寝てたっ!?

!?
あれ？なんか不思議な感じ
視界がクリアというか明るいような…
？？？

わくわく
え？ 先生もしかして何かしたんですか？
んーふふまずはこの文章読んでみましょうか
ENGLISH

HELEN thought she can't whe…？ウェザーシー…
ENGLISH

パアァアア
起きてられる!!

先生
なんでなんでー？
妖怪退治したの？
はいはい
集中して〜〜〜
後で話してあげるから

テキストの朗読が
最後までできるのを
確認すると
ぺこっ
迎えに来た母親にも
経緯を説明し
２人は帰っていきました

４年後
アメリカ留学先
から手紙が
届きました！
AIR
MAIL

TAIMASHI☆Kagami Takako ga YUKU!

第7話

冥界での戦い

～CASE 5：ヒロ～

今回の依頼主
ヒロさんと
飼い主のルー
私の猫ルーは
ずっとご飯を
食べないんです
フードを変えても
何をしてもダメで

病院で検査
しましたか？
それからでないと
私は基本的に
視ませんよ

診てもらい
ましたが 原因は
わからないと…

このままでは
ルーが死んで
しまいます
どうか…

なーぅ
なうなうなー

「パパを
助けて」って
言ってます
けど…？
猫の言葉が
わかるんですか？

猫語が話せるわけではなくて…
潜在意識上で意識をつなげると言葉を超えてコミュニケーションがとれます
要は

テレパシーです

でも パパを助けての意味がわからないわ…
にゃーっ

サラ…
もっとしっかりコミュニケーションをとるために潜在意識へと

行ってまいりますね…

ボコボコッ

ザッ
この子の心のダンジョンはチュールみたいな建物なのね
ちゅーる
まぐろ味

だいたい人の心は塔のようなダンジョンになっていますがそのてっぺんに王座があり

その中心に魂がいる
ポゥ…

王座には
表に出る人格が
座っている
のですが
人格がころころ
変わる人は ここで
イス取りゲームが
行われている

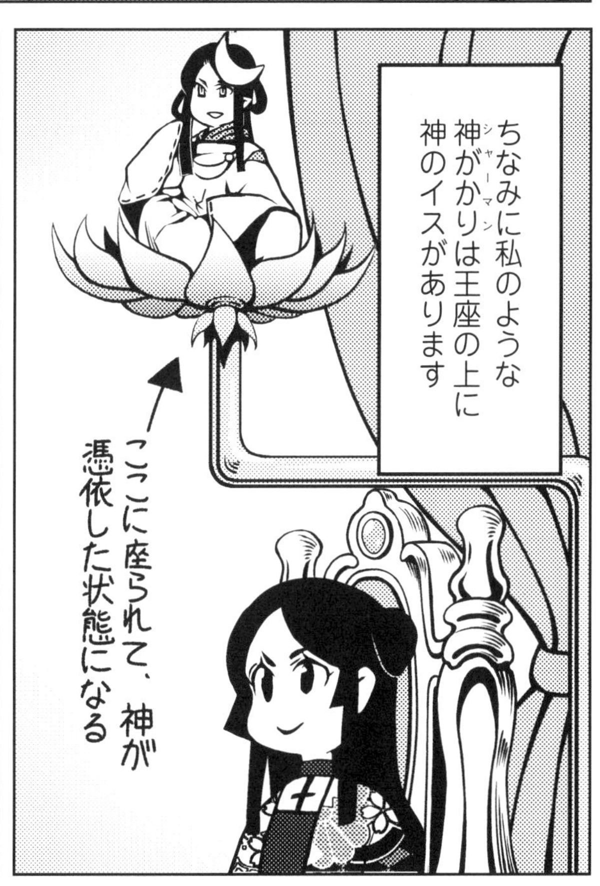
ちなみに私のような
神がかり(シャーマン)は王座の上に
神のイスがあります
ここに座られて、神が
憑依した状態になる

ルーちゃんの魂
いるべき場所に
いない……!

ちょっと確認しに
現実に戻らなきゃ…

現実
ルーちゃんの目を
ちょっと確認して
いいですか？

やはり焦点が
あっていない…！

月詠様！
どうした？

このケース初めてで
よくわからないので
教えてください
ふむ
魂が留守か
王座の間に戻って
検証しよう
？？
月詠様は
みえない

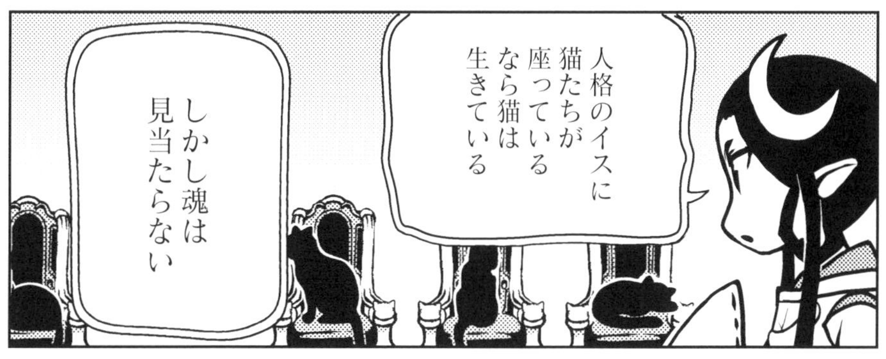
人格のイスに猫たちが座っているなら猫は生きている
しかし魂は見当たらない

これはつまり
幽体離脱をしている…

魂だけがどこかの次元に行っているんだ
慎重に銀の糸を探さねば…！

銀の糸とは
魂と肉体を
つなぐ糸で
死神たちは
これを切り
魂をあの世に
持っていく

この玉から
出ているはずだ
慎重に水晶の
周りに手をはわせて
手に何か引っかかっても
ひっぱるのではないぞ！

おそらくこの猫の
銀の糸は かなり
弱くなっている…
そ〜

！
あった…！
ワァ

よし、これを
たどっていこう
この先は
次元の扉だな
たどっていけば
その先に魂がある
はずだ…

ヒュウゥ――――
カサッ

えっ…何ここ？
寒くないのに
ぞくぞくする
力も抜ける
黄泉比良坂

おっと
きゅうううう～…

ぎゅっ
ほら、おいで
私は黄泉の王
だから良いが…

ここはほとんどの
神が…万物が恐れる
冥界の
入り口だ

冥界…
つまりは死者の国
古事記に出てくる所だ
うぷっ…
きもち悪

ああっ
猫ちゃん!?

なぁあう…

バッ
猫ちゃん！
動くな 加ケ美!!

それ以上
先に進むには
しっかりした準備が
必要なんだ
バッ
現実に戻るぞ！

現実
まっ青。
プルプル
はぁはぁ
戻ってまいりました
大丈夫ですか!?

すぐにでも迎えに
行きたいのですが
私にとって
危険な場所です

赤
第三の目とくまどり
両方をいつもの紫
ではなく朱色にして
防御力を
アップさせたい

もののけ姫だわ…
朱色

化粧は呪術であり
魔除けだからな
さあ…
行くぞ!

黄泉比良坂
ヒューオォォ

あれ? 私…
外見違くない?
スーパーサ○ヤ人モード
だとでも思ってくれ

あっ

いいか加ヶ美
ここの主である
イザナミ様に話は
つけてあるが

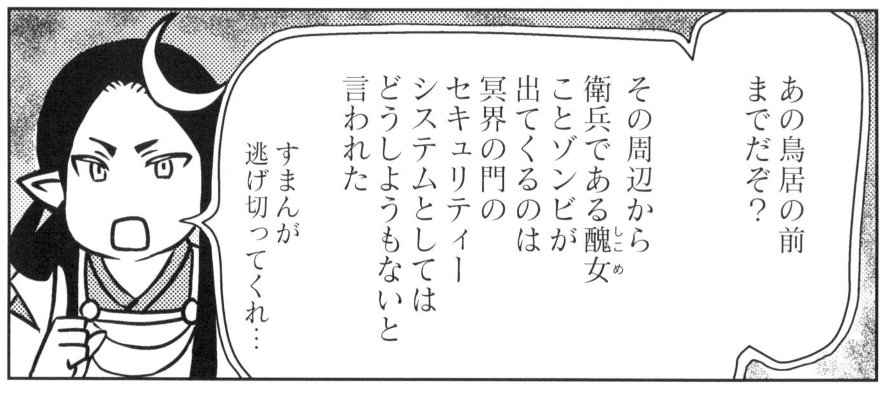
あの鳥居の前
までだぞ？
その周辺から
衛兵である醜女(しこめ)
ことゾンビが
出てくるのは
冥界の門の
セキュリティー
システムとしては
どうしようもないと
言われた
すまんが
逃げ切ってくれ…

って
あ……！
そんな説明
聞いてられないわ！
だっ

だって猫ちゃん 今にも
門をくぐりそう…！

ルーちゃん
無視

待って…
ばっ

なんで逃げるのよ――っ
ひー手がけがんた

来ないでっ!!

現実
え……
来るなと言われても…
フー!!
うわっ急に何!?

邪魔しないで僕はイザナミ様の所に行くの！
黄泉

現実
ニャ ニャー――ニャアアア――

突然威嚇（いかく）してルーはどうしちゃったんですか!?
「パパを助けて！このままだと殺されちゃう」と恋人に言っておりますが 心当たりは？

え!?
ビクッ

パパの恋人はすごくいじわるでパパはそれに気づかないフリを…

な…
なんで知ってるんですか
私はルーちゃんの言葉を訳しているだけです
フー
フー

た…
確かに彼女はけっこう殴ってくるし
言葉もヒドイです
でもあいつは俺がいないと

パパのバカ
どうして
気づかないの!?
あの人ひどいよ!
パパ何も
悪くないのに…

ぱっ
すみません!
今私ルーちゃんに
憑依されてて…
暴言吐いたら
ごめんなさ…ぼ…
ブギャー!…
僕なんてどうせ
いらないの!

ニャーニャー
ニャー
どうせ僕の声は
届かないんだから!
ニャー
僕なんて
生きてたって!

ぞくっ
はっ!?

この黒いモヤは
死神……!!
ピクピク
どうしたルー…
なんで突然
かたまるんだ…!?

急急如律令

スッ

少し落ちついた…
何をしたんですか?
死神にこの人型がルーちゃんだと勘違いさせて一時的に時間をかせいでいます
結界も同時にはってます
ブルブル
死神!?

日本神話における死神ですけれど…
ボコ
ボコ

黄泉比良坂でまずいことになってる
また潜ってきます！

黄泉
醜女たちルーちゃんにさわらないで！
ザザ
あ～

ぐわっ

かけまくも〜〜〜〜かしこき〜〜〜〜

イザナギのおおかみ〜〜〜〜！

!?
ズ
ゴ

ひえっ
下から!?

ガブゥ…
イター!!

現実
ズキィ
痛っ!!

いだだだ〜〜〜！
酒塩液をかけてください!!
あ、あ……！
はいっ！

桃…桃よ来いっ！
ぬ〜ん…

よしっ
ポン
ポ
ポ

せいやっ!!
魔除けの桃だぞ
神話の通りに
逃げてしまえ
〜〜〜！
ババ

あ!!
スルッ

猫ちゃん早く
鳥居のこっちに
帰ってきなさい！

やだっ!!

パパが傷つけ
られていくのを
僕がどんな想いで
見てるかわかる!?
ニャー
僕が逃げてって
どんなにお願いしても
パパはいつも
無視するの

どんなに泣いても
しょうがないから
僕決めたの
命とひきかえに
女の人がいなくなるように
イザナミ様にお願い
しようって…！
モヤァ
ぞっ
いなくなるの意味
わかって言ってるの？

月詠様…猫も
イザナミ様の存在…
死の神だってわかる
ものなの？
猫はもっとも霊界に
通じる動物だからな

魔女の使い魔
として紹介される
理由でもある
WICCA

猫よ やめなさい
それは呪い…怨霊
めいた行為だぞ…！

月の神様に
何がわかるのさ…
助けてくれないくせに…

そっちに行っては
だめよ ルーちゃん

ヒロさん まずいです！
猫ちゃんが彼女さんと
別れさせるために
死の国の女神に
命を捧げようと
しています

っ!? だからさっきから
体温がどんどん
下がっていくのか！
目を開けろ ルー！

彼女が俺にとって
良くないのはとっくに
わかっていた！
お願いだ！
お前の声
ちゃんと聞くから
向き合うから！

戻ってきてくれルー――――!!
ガッ

パァァ
パパの声…?

パパ…?

パパ～!!

パァァァ・・・

パチ

良かった！猫ちゃん
戻ってこられてるね！

ルー

大事なことを教えて
くれてありがとうな
そっ…

その後 ヒロさんは
彼女さんと別れ
「ひとりと1匹」を
楽しんでるんだとか
良い恋愛
したくなったら
私に連絡を！
恋愛コンサルも
やってます〜
ネット
通話
まさかの宣伝！
恋愛セラピーCDブック
人気声優ドラマCD付

TAIMASHI☆Kagami Takako ga YUKU!

加ヶ美邸

お守り作り
タロット占い
オンラインセッション中
加ヶ美の弟子たち
仕事中…

3時だ！
早く先生に
お茶出さなきゃ
夫婦で弟子
和音（かずね）
内院天（ないんてん）

そ～
先生～～～
お茶です～

ピクッ

かすかに誰かの
泣いてる声が…

痛いよ〜〜〜
しくしく

外の庭の
ほうだわ！

ちょっと待って
先生!?
たたた

しくしく

この茂みから
聞こえる…
カサッ

カサ…
あ、いた!

ヒール
羽が折れて
泣いていたのね?

はぁはぁ
加ヶ美先生!
いきなり飛び出さないで
くださいよ〜〜
心配するじゃ
ないですか〜〜〜!

ほらみて
自然霊
うちの
植木に宿る精霊
だけどね
え?え?
でも…
俺 自然霊
視えないんですが
俺の奥さんなら視える
と思いますけど…

ぴょん
霊能力がなくても誰でもふれれば何かしら感じられるんじゃないかしら

おーあたたかい…
カイロみたいだ…

私たちは八百万(やおよろず)つまり数えきれない程の見えない「何か」に守られている
目に見えないからっていないわけじゃないわ

「寂しい」と思ったら感じようとしてみて
火水土風木万物に生かされていることの感謝で彼らは感じられる

「心の穴」はね
それらに守られていないと感じる「孤独感」から来るのよ？

あら、ご新規のお客様だわ
ピロリン♪

加ヶ美
その案件は神が関わっていて厄介だ

助手しましょうか？
荷物もちます
お願い！

加ヶ美敬子は
退魔師として今日もクライアントの所へ行く
行くわよ！

あとがき

漫画家で退魔師の加ヶ美敬子です。
最後までお読みいただきありがとうございました。
漫画を描くにあたって10年ものタイムラグがあったのと、アナログからデジタルに初めて移行したので、戸惑ってばっかりでしたが…！なんとかなるもので、担当様、アシスタントの皆様の温かいご協力と、クライアント様たちからの熱い応援のおかげでついに完成いたしました‼
みんな、ありがとうー！
そして買ってくださった読者様、ありがとうございます！
さて、この本をお読みいただいた読者様は、まず、
「退魔師なんて本当にいるの？　ファンタジーの世界だけじゃなくて？」と思われる方も多かったと思います。
私は祓い屋で霊能者だといえば、そのカテゴリーでも成り立つと思うのですが、「退魔」という言葉は、元来、妖怪や鬼を祓ったり調伏した武士や僧の伝説から来ておりました。
もともとは、歴史の中でも伝説でしか存在しなかったものでしたが、私は、神道、仏教、武士の濃ゆいハイブリッドな生まれであったために、退魔の能力が復活してしまったということです。
今や、西洋東洋関係なく、目に見えない存在の正体を暴き、然るべきところに送る、または戻すのが仕事ですが、これが私に可能なのは、何も血筋だけではありません。
霊的な存在、「魔」は、潜在意識から生まれるエネルギーの産物だと学問的に知っていることも、大きいと思います。
彼らはエネルギーです。特別なものではなく、人に感情や心の動きがある限り、存在し続けます。

魔は、真情の発露、隠していたネガティビティを目に見える形として体現させる存在です。
意味があって出現します。
私の本では、彼らをただ恐れるのではなく、なぜ、彼らは現れたのか。そのメッセージを、
自分の心を見つめるチャンスとしてとらえていただければ幸いです。

何も怖いものはない。
生者こそが強いのだから。

清潔にして、
たくさん笑って、
自分の霊的バリアを信じて。

Don’t worry be happy^ ^
心配しないで、楽しんで。

それでも、魔が出現したら、
呼んでください。

退魔師★加ヶ美敬子が行きます！

退魔師(たいまし)☆加ヶ美敬子(かがみたかこ)がゆく!

2021年7月15日　第1刷発行

［著　者］加ヶ美敬子(かがみたかこ)
［装　幀］坂根舞(井上則人デザイン事務所)
［本文DTP］松井和彌
［編　集］齋藤和佳
［発行人］北畠夏影
［発行所］株式会社イースト・プレス
〒101-0051 東京都千代田区神田神保町2-4-7　久月神田ビル
Tel 03-5213-4700　Fax 03-5213-4701
https://www.eastpress.co.jp/
［印刷所］中央精版印刷株式会社

ISBN978-4-7816-1995-8 C0095